Amor

Sementes do Evangelho

Amor

Francisco Cândido Xavier

Pelo Espírito Emmanuel

Cordenação

Larissa Meirelles Barbalho Silva

FEB

1ª edição – 1ª impressão – 10 mil exemplares – 8/2014

ISBN 978-85-7328-963-3

FEDERAÇÃO ESPÍRITA BRASILEIRA – FEB
Av. L2 Norte – Q. 603 – Conjunto F (SGAN)
70830-106 – Brasília (DF) – Brasil
www.febeditora.com.br
editorial@febnet.org.br
+55 61 2101 6198

Pedidos de livros à FEB
Gerência comercial – Rio de Janeiro
Tel.: (21) 3570 8973/ comercialrio@febnet.org.br
Gerência comercial – São Paulo
Tel.: (11) 2372 7033/ comercialsp@febnet.org.br
Livraria – Brasília
Tel.: (61) 2101 6161/ falelivraria@febnet.org.br

Texto revisado conforme o Novo Acordo Ortográfico.

Dados Internacionais de Catalogação na Publicação (CIP)
(Federação Espírita Brasileira – Biblioteca de Obras Raras)

E54s Emmanuel (Espírito)
Sementes do Evangelho: amor / coordenação de Larissa Meirelles Barbalho Silva. – 1. ed. 1. imp. – Brasília: FEB, 2014.

95 p.; 15 cm – (Coleção Sementes do Evangelho; 1).

ISBN 978-85-7328-963-3

1. Espiritismo. 2. Obras psicografadas. I. Xavier, Francisco Cândido, 1910–2002. II. Silva, Larissa Meirelles Barbalho. III. Federação Espírita Brasileira. IV. Título. V. Coleção.

CDD 133.93
CDU 133.7
CDE 80.03.00

Sumário

Prefácio

Há muito os leitores das obras publicadas pela Federação Espírita Brasileira vêm solicitando um livro de bolso, com conteúdo significativo, de fácil compreensão, confortável à leitura, ao manuseio e ao transporte.

E eis que, decorrente do projeto *O evangelho por Emmanuel*, a FEB Editora oferta ao prezado leitor a coleção *Sementes do evangelho*, com planejamento editorial para cinco volumes, atendendo aos temas: amor, caridade, fé, paz e trabalho.

São gemas preciosas resultantes da sabedoria de Emmanuel e precisamente colhidas pela abençoada mediunidade de Francisco Cândido Xavier.

Em cada frase, um efeito para reflexão; em cada pensamento, um estímulo à ação.

Aqui está o primeiro desses *livrinhos* para usufruto dos que buscam iluminação espiritual por meio do processo de renovação íntima.

Estamos certos de que eles serão muito benquistos por você, que ora folheia estas páginas.

Agradecemos, de coração, a gentileza da leitura, na esperança de que todos estamos contribuindo para a implantação do reino de Deus na Terra, com a publicação, a divulgação e o estudo do livro espírita para um novo mundo.

Brasília (DF), 17 de julho de 2014.
GERALDO CAMPETTI SOBRINHO
Vice-Presidente da FEB

Introdução

A natureza é sempre pródiga nas lições que nos oferece para ampliar nosso horizonte de compreensão da vida.

A chuva, que verte do alto, fala da misericórdia que nos assiste.

O Sol, que ilumina o dia, oferece-nos a lição da benevolência sem distinção.

O riacho, que prossegue em seu curso, vencendo pedras e obstáculos, lembra-nos do valor da perseverança.

A planta, que articula sua ramagem na direção da luz, testifica a fé.

Muitos são os exemplos silenciosos que se desenrolam diante dos nossos olhos e que nos fortalecem e nos orientam nas estradas do infinito.

Por essa razão, nestas coletâneas, buscamos seguir também esses exemplos, recorrendo à semente como símbolo.

A semente provém do fruto e esse, por sua vez, é gerado pela árvore que o sustenta.

Os comentários de Emmanuel sobre os versículos do Novo Testamento são como frutos amadurecidos da grande Árvore do Evangelho. Desses frutos, recolhemos algumas sementes como frases enfeixadas nesta obra singela, organizadas em cinco volumes. O valor de cada uma está em seu potencial de despertar o *Amor*, a *Caridade*, a *Fé*, a *Paz* e o *Trabalho*.

Recolhê-las no solo do coração será o primeiro passo para o crescimento destas sementes. Não importa o quão pequenas sejam, pois como nos disse Jesus:

> *A que é semelhante o reino de Deus, e a que o assemelharei? É semelhante a um grão de mostarda que um homem lançou em seu horto; cresceu, tornou-se uma árvore, e as aves do céu aninharam-se em seus ramos* (Lucas 13:18-19).

Brasília (DF), 10 de abril de 2014.
Larissa Silva Meirelles Barbalho
Coordenadora

AMIZADE

Quem ajunta amigos, amontoa amor. Quem amontoa amor, acumula poder.[(21)*]

---

* Remete às obras pesquisadas, cujas fontes encontram-se no final desta publicação. Os direitos autorais foram gentilmente cedidos pelas editoras citadas.

AMPLIDÃO

A quem mais ama – amor mais amplo.[47]

ANTENA

Asseveras que o mundo é imenso vale de lágrimas, cruzando os braços para chorar os infortúnios da Terra e possuis duas mãos por antenas de amor capazes de improvisar canções de felicidade e esperança, no trabalho pessoal em favor dos que sofrem.[28]

ÁRVORE DA VIDA

A disciplina e a educação, a escola e a cultura, o esforço e a obra, são flores e frutos na árvore da vida, todavia, o amor é a raiz eterna.[72]

AUXÍLIO

Quem deseje imprimir mais rendimento e progresso em suas tarefas e obrigações, procure ampliar os seus dispositivos de auxílio aos outros e observará sem delonga os resultados felizes de semelhante cometimento. Isso ocorre porque em todo o universo as Leis divinas se baseiam em amor – no amor que, no fundo, é a onipresença de Deus em doações eternas.[40]

BEM

Necessitamos encarar essa nova fórmula de amor a nós mesmos, conscientes de que todo bem conseguido por nós, em proveito do próximo, não é senão o bem de nossa própria alma, em virtude da realidade de uma só lei, que é a do amor, e um só dispensador dos bens, que é Deus.[(31)]

BENÇÃO

Pela nossa expressão verbalista menos enobrecida, repelimos a benção do amor que nos encheria do contentamento de viver.[23]

BOA OBRA

Aplica sempre as tuas boas intenções, no plano das realidades práticas, para que as tuas boas obras se iluminem de amor e para que o teu amor não se faça órfão de boas obras. Faze isso por ti, que necessitas de elevação, e por aqueles que ainda te procuram manquejando.[37]

CAMINHO

Tudo é fácil para aquele que cultiva a verdadeira fraternidade, porque o amor pensa, fala e age, estabelecendo o caminho em que se arrojará, livre e feliz, à glória da vida eterna.[45]

CIÊNCIA

A ciência pode estar cheia de poder,
mas só o amor beneficia. [...][5]

COMPREENSÃO

Ama sempre para que possas compreender sempre mais...[46]

CONFIANÇA

O exercício do amor verdadeiro não pode cansar o coração. Quem ama em Cristo Jesus, guarda confiança em Deus, é feliz na renúncia e sabe alimentar-se de esperança.[74]

CONSTRUÇÃO

Seja o amor ao próximo nossa base essencial em toda construção no caminho evolutivo.[71]

CONVIVÊNCIA

Aprendamos a viver com todos, tolerando para que sejamos tolerados, ajudando para que sejamos ajudados, e o amor nos fará viver, prestimosos e otimistas, no clima luminoso em que a luta e o trabalho são bençãos de esperança.[22]

CORAÇÃO

A multidão, em geral, não traduz o verbo amar senão pelas atividades cariciosas. Para que um homem demonstre capacidade afetiva, ante os olhos vulgares, precisará movimentar imenso cabedal de palavras e atitudes ternas, quando sabemos que o amor pode resplandecer no coração das criaturas sem qualquer exteriorização superficial.[33]

DÁDIVA

[...] o amor que se irradia em benções de felicidade e trabalho, paz e confiança, é sempre a dádiva maior de todas.[24]

DEUS

O amor de Deus nunca falta.[55]

DIFICULDADE

O amor brilha e paira sobre todas as dificuldades, à maneira do sol que paira e brilha sobre todas as nuvens.[30]

DINHEIRO

O dinheiro de Jesus é o amor. Sem ele, não é lícito aventurar-se alguém ao sagrado comércio das almas.[7]

DOR

O amor equilibra, a dor restaura. É por isso que ouvimos muitas vezes: "Nunca teria acreditado em Deus se não houvesse sofrido".[4]

ENSINAMENTO

Jesus veio até nós a fim de ensinar-nos, acima de tudo, que o Amor é o caminho para a Vida abundante.[25]

ESCOLA

A Terra é a nossa escola multimilenária, onde o amor é o sol para as mínimas lições.[46]

ESFORÇO

Quem se esforça por viver o amor puro sob qualquer aspecto, acerta sempre no instante de definição.[27]

ESPERANÇA

[...] O amor genuíno jamais se desregra ou se cansa, porque realmente sabe esperar.[39]

ESTÍMULO

Com o amor estimularemos o amor...[57]

EVANGELHO

Ama, de acordo com as lições do Evangelho, mas não permitas que o teu amor se converta em grilhão, impedindo-te a marcha para a vida superior.[36]

FELICIDADE

O amor que estejamos acrescentando à obrigação que nos cabe cumprir é sempre plantação de felicidade para nós mesmos.[12]

FONTE DE LUZ

E toda criatura é uma fonte de luz
por ser, em si, uma fonte de amor.[13]

FORÇA

A força das forças, porém, aquela que sublima os astros e alimenta motores para o bem, que encaminha a autoridade para a misericórdia e aciona os braços no serviço aos semelhantes – a única que penetra a alma e lhe orienta os impulsos na direção da felicidade e da paz, da elevação e do entendimento – é a força do amor.[(59)]

FRATERNIDADE

Dai fraternidade e dar-se-vos-á amor.[8]

FUNDAMENTO

O amor puro é o reflexo do Criador em todas as criaturas. Brilha em tudo e em tudo palpita na mesma vibração de sabedoria e beleza. É fundamento da vida e justiça de toda a Lei.(38)

FUTURO

[...] só o amor dispõe de luz bastante para clarear o presente e santificar o porvir.(61)

HÁBITO

Plasma divino com que Deus envolve tudo o que é criado, o amor é o hábito dele mesmo, penetrando o universo.[38]

IDEAL

Jesus permanece trabalhando e sua bondade infinita se revela em todos os setores em que o amor esteja erguido à conta de supremo ideal.[35]

INIMIGO

Quando Jesus nos exortou ao amor pelos inimigos, indicou-nos valioso trabalho imunológico em favor de nós mesmos.[3]

INTEGRAÇÃO

Só o amor é o clima adequado ao entrelaçamento de todos os seres da Criação e somente através dele integrar-nos-emos na sinfonia excelsa da vida.[9]

INTERESSE

E por amar a todos sem reclamar amor para si, embora na condição de servo de todos, faz-se amado da vida, que nele concentra seus interesses fundamentais.[32]

JUSTIÇA

Aprendamos a sentir com amor, a fim de que venhamos a pensar com justiça e a falar para o bem.[68]

LEI

Toda migalha de amor está registrada na Lei, em favor de quem a emite.[48]

LUZ

Quanto mais amor, mais
luz no caminho.[17]

MÁGOA

Quantas mágoas se converteram em crimes por não havermos dado um minuto de amor para extinguir o braseiro do ódio! [29]

NECESSIDADE

Em qualquer departamento da vida, é necessário amar para entender e construir.[43]

OBEDIÊNCIA

Quem cultiva a obediência ao Pai, no coração, sabe encontrar as oportunidades de construir com o seu amor.[6]

ÓDIO

Revela o amor que acalma as tempestades do ódio.[73]

OLHOS

Observemos amando, porque apenas o amor puro arrancará por fim as escamas de treva dos nossos olhos para que os outros nos apareçam na Benção de Deus que, invariavelmente, trazem consigo.[58]

ORAÇÃO

O amor a nós mesmos deve ser interpretado como a necessidade de oração e de vigilância, que todos os homens são obrigados a observar.[31]

PACIÊNCIA

Quanto mais suportares as faltas alheias, usando a paciência e a afabilidade, mais amor conquistarás daqueles que te observam e seguem.[42]

PAZ

Usemos o amor que o Mestre
nos legou, se desejamos a
paz na Vida maior.[49]

PECADO

Ensina-nos a Boa-Nova que o Amor cobre a multidão dos pecados.[20]

PERFEIÇÃO

O perfeito amor, contudo, compreende que o Pai celeste traçou caminhos infinitos para a evolução e aprimoramento das almas, que a felicidade não é a mesma para todos e que amar significa entender e ajudar, abençoar e sustentar sempre os corações queridos, no degrau de luta que lhes é próprio.(51)

PERSEVERANÇA

Não te detenhas. O amor
é infatigável.[(50)]

PLENITUDE ESPIRITUAL

[...] só o amor abre as portas da plenitude espiritual e semeia na Terra a luz da verdadeira caridade, que extingue o mal e dissipa as trevas.(54)

PORTA ESTREITA

E, em todas as circunstâncias, recorda sempre que a "porta larga" é a paixão desregrada do "eu" e a "porta estreita" é sempre o amor intraduzível e incomensurável de Deus.[10]

PROBLEMA

Tudo, ao redor de teus passos, na vida exterior, é obscuro e problemático. O amor, porém, é a luz inextinguível.[70]

PUREZA

Conserva a pureza dos teus sentimentos, a fim de que o teu amor seja invariavelmente puro, na verdadeira comunhão com a humanidade.[19]

QUADRO DA VIDA

[...] muitas vezes, o nosso amor é simplesmente querer e tão somente com o "querer" é possível desfigurar, impensadamente, os mais belos quadros da vida.[56]

RECONCILIAÇÃO

Aquele que procura reconciliar-se, assumindo a responsabilidade do novo entendimento, é sempre um coração inspirado no verdadeiro amor.[41]

REENCARNAÇÃO

Na teia das reencarnações, os títulos afetivos modificam-se constantemente. É que o amor fraternal, sublime e puro, representando o objetivo supremo do esforço de compreensão, é a luz imperecível que sobreviverá no caminho eterno.[34]

SABEDORIA

Todos necessitamos esperar no infinito Amor, todavia, será justo aprender "como"; todos devemos ser bons, contudo, é indispensável saber "para quê".[62]

SACRIFÍCIO

O amor encerra em si as leis do universo e tudo o que fizermos contra o amor é algo que criamos contra nós mesmos. Aceita, desse modo, no sacrifício a mais alta norma de ação.[11]

SENDA EVOLUTIVA

Ouçamos a sugestão do amor, a cada passo, na senda evolutiva. Quem ama, compreende; e quem compreende, trabalha pelo mundo melhor.[72]

SERENIDADE

Onde estiveres e como estiveres, nas áreas da dificuldade, dá-te à serenidade e ao espírito de serviço e entenderás, com facilidade, que o amor cobre realmente a multidão de nossas faltas, apressando, em nosso favor, a desejada conquista de paz e libertação.[12]

SERVO

O maior no reino do Amor será sempre aquele que se fizer o servo infatigável de todos, aquele que, em se esquecendo, oferece aos outros a própria alegria que não possui, e que, em se ajustando à máquina do bem, possa apagar-se, contente e anônimo, atendendo, no lugar que lhe é próprio, à tarefa que o Senhor lhe determina...[60]

SIMPATIA

Enriquece os teus fatores de simpatia pessoal, pela prática do amor fraterno.[26]

SINAL

[...] no amor verdadeiro não há sinal de qualquer precipitação conclamando à imoderação ou à loucura.[39]

SOLIDARIEDADE

Quem passasse irradiando amor na estrada, onde o viajante generoso testemunhou a solidariedade, encontraria mais amplos motivos para compreender e auxiliar.[18]

SOLUÇÃO

Mais amor em nossas atividades de cada dia é solução gradativa a todos os enigmas que nos cercam...[46]

TEAR DIVINO

A nobreza de caráter, a confiança, a benevolência, a fé, a ciência, a penetração, os dons e as possibilidades são fios preciosos, mas o amor é o tear divino que os entrelaçará, tecendo a túnica da perfeição espiritual.[72]

TESOURO

Lembra-te de que o amor é inesgotável na fonte do coração e de que Jesus, ainda hoje, com Deus e com o amor, vem multiplicando, dia a dia, os eternos tesouros da humanidade.[52]

TRABALHO

[...] É pela realidade do amor que todas as forças celestes trabalham.(2)

TRANSFORMAÇÃO

Tudo, na superfície da vida, é transformação permanente, mas por dentro dela vige o amor invariável.[65]

UNIÃO

[...] bastaria um raio de amor no imo d'alma para entendermos a profunda união em que nos imantamos uns aos outros...[46]

UNIVERSO

O amor é a força divina do universo.[56]

VENENO

O ódio é, comumente, o amor envenenado de ontem. O ciúme é o amor vestido de espinhos dilacerantes. A soberba é o amor desvairado a si próprio.[56]

VERDADE

Por amor à verdade, saibamos viver na verdade do amor, dentro da qual cada um de nós – de nós para os outros – pode e deve ser um canal vivo e incessante da benção de Deus.[63]

VIDA

Ninguém prescinde do
amor para viver.[67]

VITÓRIA

Inflamando o coração no luzeiro do Cristo, saibamos entender e servir com Ele, sem azedume e sem crítica, sem reprovação e sem queixa, na certeza de que o amor é a garantia invulnerável da vitória imperecível.(1)

VONTADE DE DEUS

O amor a que se refere o Evangelho é antes a divina disposição de servir com alegria, na execução da Vontade do Pai, em qualquer região onde permaneçamos.(75)

Fontes*

1 – *Abrigo.* Ed. IDE. Cap. 7.

2 – *Alma e luz.* Ed. IDE. Cap. 9.

3 – *Amigo.* Ed. Cultura Espírita União. Cap. 17.

4 – *Caminho, verdade e vida.* FEB Editora. Cap. 139.

5 – *Caminho, verdade e vida.* FEB Editora. Cap. 152.

6 – *Caminho, verdade e vida.* FEB Editora. Cap. 173.

7 – *Caminho, verdade e vida.* FEB Editora. Cap. 63.

8 – *Cartas do coração.* Ed. LAKE. Cap. "Dai e dar-se-vos-á".

9 – *Ceifa de luz.* FEB Editora. Cap. 1.

10 – *Ceifa de luz.* FEB Editora. Cap. 12.

11 – *Ceifa de luz.* FEB Editora. Cap. 14.

---

* Todas as obras referenciadas são de autoria de Emmanuel e psicografadas por Francisco Cândido Xavier.

12 – *Ceifa de luz.* FEB Editora. Cap. 22.

13 – *Ceifa de luz.* FEB Editora. Cap. 60.

14 – *Convivência.* Ed. Cultura Espírita União. Cap. 16.

15 – *Coragem.* Ed. Comunhão Espírita Cristã. Cap. 18.

16 – *Correio fraterno.* FEB Editora. Cap. 15. Texto publicado em *Segue-me!...* Ed. O Clarim. Cap. "Página do moço espírita cristão.".

17 – *Fonte viva.* FEB Editora. Cap. 135.

18 – *Fonte viva.* FEB Editora. Cap. 150. Texto publicado em *À luz da oração.* Ed. O Clarim. Cap. "A oração do justo.".

19 – *Fonte viva.* FEB Editora. Cap. 158.

20 – *Fonte viva.* FEB Editora. Cap. 43.

21 – *Fonte viva.* FEB Editora. Cap. 60.

22 – *Fonte viva.* FEB Editora. Cap. 67.

23 – *Fonte viva.* FEB Editora. Cap. 86. Texto publicado em *Nosso livro.* Ed. Lake. Cap. "Estás doente?".

24 – *Ideal espírita.* Ed. Comunhão Espírita Cristã. Cap. 70.

25 – *Livro da esperança.* Ed. Comunhão Espírita Cristã. Cap. 11.

26 – *Livro da esperança.* Ed. Comunhão Espírita Cristã. Cap. 67.

27 – *Livro da esperança.* Ed. Comunhão Espírita Cristã. Cap. 9.

28 – *O consolador.* FEB Editora. Pergunta 351.

29 – *O espírito da verdade.* FEB Editora. Cap. 64.

30 – *Pão nosso.* FEB Editora. Cap. 137.

31 – *Pão nosso.* FEB Editora. Cap. 141.

32 – *Pão nosso.* FEB Editora. Cap. 35.

33 – *Pão nosso.* FEB Editora. Cap. 80.

34 – *Pão nosso.* FEB Editora. Cap. 86.

35 – *Pensamento e vida.* FEB Editora. Cap. 30.

36 – *Reformador*, abr. 1958, p. 74. Texto publicado em *Palavras de vida eterna.* Ed. Comunhão Espírita Cristã. Cap. 32.

37 – *Reformador*, abr. 1968, p. 85. Texto publicado em *Alma e coração.* Ed. Pensamento. Cap. 6, com pequenas alterações.

38 – *Reformador*, ago. 1953, p. 187.

39 – *Reformador*, ago. 1954, p. 176. Texto publicado em *Bençãos de amor.* Ed. Cultura Espírita União. Cap. "Menos e mais," com pequenas alterações.

40 – *Reformador*, fev. 1956, p. 36. Texto publicado em *Indulgência.* Ed. IDE. Cap. 13, com pequenas alterações.

41 – *Reformador*, fev. 1957, p. 38.

42 – *Reformador*, fev. 1960, p. 42.

43 – *Reformador*, fev. 1962, p. 27. Texto publicado em *Palavras de vida eterna.* Ed. Comunhão Espírita Cristã. Cap. 107.

44 – *Reformador*, jan. 1957, p. 22.

45 – *Reformador*, jan. 1957, p. 3. Texto publicado em *Palavras de vida eterna*. Ed. Comunhão Espírita Cristã. Cap. 4.

46 – *Reformador*, jan. 1959, p. 3. Texto publicado em *Palavras de vida eterna*. Ed. Comunhão Espírita Cristã. Cap. 49.

47 – *Reformador*, jul. 1952, p. 158. Texto publicado em *Dinheiro*. Ed. IDE. Cap. "Estudando a riqueza," com pequenas alterações.

48 – *Reformador*, jul. 1961, p. 148. Texto publicado em *Palavras de vida eterna*. Ed. Comunhão Espírita Cristã. Cap. 97, com alterações.

49 – *Reformador*, jun. 1950, p. 122. Texto publicado em *Fonte viva*. FEB Editora. Cap. 91, com alterações. *Segue-me!...* Ed. O Clarim. Cap. "Problemas do amor.".

50 – *Reformador*, jun. 1957, p. 138. Texto publicado em *Palavras de vida eterna*. Ed. Comunhão Espírita Cristã. Cap. 12.

51 – *Reformador*, maio 1958, p. 98. Texto publicado em *Palavras de vida eterna*. Ed. Comunhão Espírita Cristã. Cap. 34.

52 – *Reformador*, maio 1970, p. 100. Texto publicado em *Segue-me!...* Ed. O Clarim. Cap. "Força.".

53 – *Reformador*, nov. 1955, p. 245.

54 – *Reformador*, out. 1962, p. 218. Texto publicado em *Palavras de vida eterna*. Ed. Comunhão Espírita Cristã. Cap. 121.

55 – *Reformador*, out. 1962, p. 218. Texto publicado em *Palavras de vida eterna*. Ed. Comunhão Espírita Cristã. Cap. 122, com pequenas alterações.

56 – *Reformador*, out. 1975, p. 224.

57 – *Religião dos espíritos*. FEB Editora. Cap. "Abençoa".

58 – *Taça de luz*. Ed. LAKE. Cap. 35.

59 – *Vinha de luz*. FEB Editora. Cap. 162.

60 – *Vinha de luz*. FEB Editora. Cap. 48.

61 – *Vinha de luz*. FEB Editora. Cap. 5.

62 – *Vinha de luz*. FEB Editora. Cap. 59.

63 – *Vinha de luz*. FEB Editora. Cap. 82.

64 – *Vinha de luz*. FEB Editora. Cap. 90.

Conselho Editorial:
Antonio Cesar Perri de Carvalho – Presidente

Coordenação Editorial:
Geraldo Campetti Sobrinho

Produção Editorial:
Rosiane Dias Rodrigues

Preparação de conteúdo e indexação:
Cyntia Larissa Ninomia
Erealdo Rocelhou
Geraldo Campetti Sobrinho
Larissa Meirelles Barbalho Silva
Saulo Cesar Ribeiro da Silva

Revisão:
Elizabete de Jesus Moreira
Larissa Meirelles Barbalho Silva

Capa, Projeto Gráfico e Diagramação:
Thiago Pereira Campos

Normalização Técnica:
Biblioteca de Obras Raras e Documentos Patrimoniais do Livro

Esta edição foi impressa pela Ediouro Gráfica e Editora Ltda., Bonsucesso, RJ, com tiragem de 10 mil exemplares, todos em formato fechado de 100x150 mm e com mancha de 76x118 mm. Os papéis utilizados foram o Lux cream 70 g/m² para o miolo e o cartão Supremo 300 g/m² para a capa. O texto principal foi composto em fonte Adobe Garamond 13/15 e os títulos em Adobe Garamond 17/20. Impresso no Brasil. *Presita en Brazilo.*